Im Atlantis-Verlag sind von Anne Möller bereits erschienen:

Über Land und durch die Luft. So reisen Pflanzen.
mit Atlantis-thema Begleitbroschüre über *Pflanzenreisen*

Rotschwänzchen, was machst du hier im Schnee?
mit Atlantis-thema Begleitbroschüre über *Vögel im Winter*

Nester bauen, Höhlen knabbern. Wie Insekten für ihre Kinder sorgen.
Atlantis-thema mit weiterführenden Hinweisen im Buch

Familie Steinkauz
mit Atlantis-thema Begleitbroschüre über den Jahreslauf einer beliebten Eulenart

Minka. Wie Katzen und Kinder gut zusammenleben.
mit Atlantis-thema Begleitbroschüre über *Eine Katze zieht um*

Anne Möller
Zehn Blätter fliegen davon
Copyright © 2008 Atlantis
an imprint of Orell Füssli Verlag AG,
Zürich, Switzerland
www.atlantis-verlag.ch

Bibliografische Information der Deutschen Bibliothek
Die Deutsche Bibliothek verzeichnet diese Publikation in der
Deutschen Nationalbibliografie; detaillierte bibliografische
Daten sind im Internet abrufbar über http://dnb.ddb.de

Typografie: Manuel Süess
Lithos: Photolitho Gossau
Druck: Grafisches Centrum Cuno, Calbe
ISBN 978-3-7152-0563-2

2. Auflage 2008

Blätter

Anne Möller

fliegen
davon

atlantis
thema

Zehn Blätter sind am Zweig
einer Weide gewachsen.

Doch jetzt sitzen sie schon ganz lose,
denn es ist Herbst geworden.

Da kommt ein Sturmwind.
Er reißt die Blätter vom Zweig und trägt sie fort.

Ein Blatt fällt in einen Bach.

Das ist die Rettung für eine Heuschrecke,
die auch ins Wasser gefallen ist.

Ein Eichhörnchen schnappt sich
ein anderes Blatt und trägt es weg.
Es will damit sein Nest auspolstern.

Ein weiteres Blatt landet
auf einem Parkweg.

Eine Frau, die beim Spazieren
kein Papier dabeihat,
schreibt eine Telefonnummer
auf das Blatt.

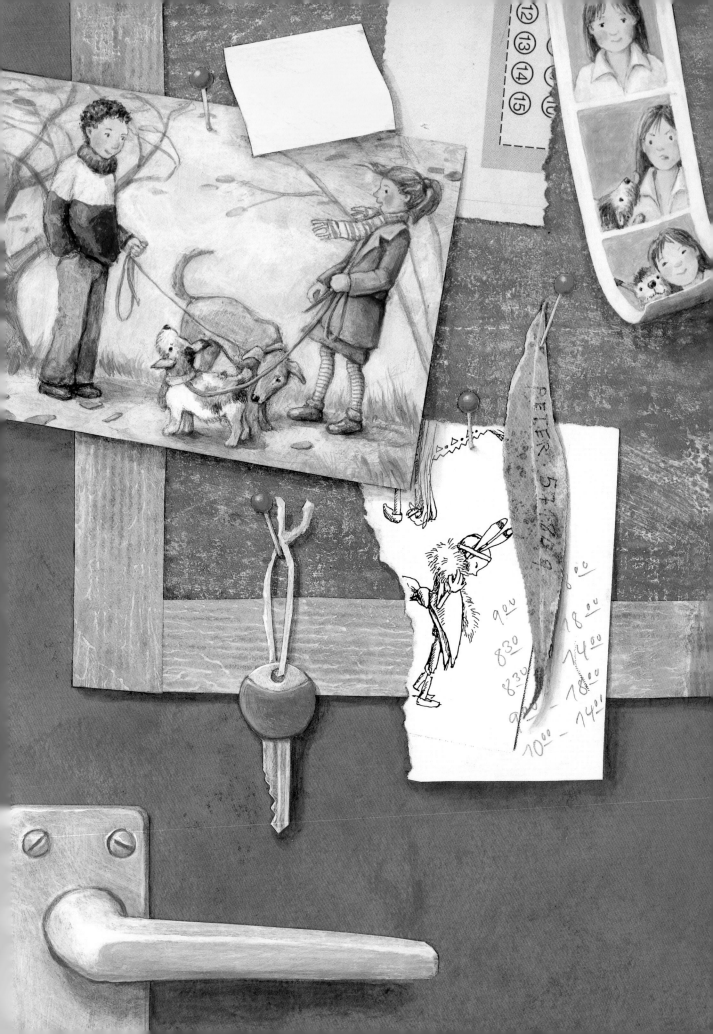

Auch Kinder spielen im Park und
sammeln Blätter und Pflanzen.

Zu Hause pressen sie die schönsten.
Drei Weidenblätter werden zu Fischen in einem Bild.

Die Kinder machen noch mehr
mit den gepressten Blättern.

Zusammen mit anderen schmückt
ein Weidenblatt eine Laterne.

Ein Blatt wird zum Segel eines schnellen Bootes.

Ein Blatt fällt zwischen dürre Zweige und Äste.
Eine Familie sammelt Holz
und macht ein Feuer, um Würste zu braten.

Dabei verbrennt auch das Blatt.

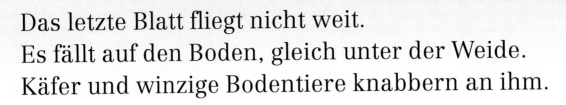

Das letzte Blatt fliegt nicht weit.
Es fällt auf den Boden, gleich unter der Weide.
Käfer und winzige Bodentiere knabbern an ihm.

Schließlich zieht ein Regenwurm das Blatt
in die Erde und frisst es auf.
Der Kot, den er später hinten aus sich
herausdrückt, ist Dünger für die Weide.

Im nächsten Frühjahr saugen
die Wurzeln der Weide den Dünger
aus dem Boden.

So hilft auch das alte Blatt dem Baum,
dass neue Blätter wachsen können.

Bald sitzen an dem Zweig zehn neue Weidenblätter.

Weidenblatt

Zahnstocher

Walnussschale

Knete

Wer ein Nussboot bauen will, bohrt am besten ein kleines Loch in die Schale; eng genug, um einen Zahnstocher durchzuschieben. Wenn man an der Unterseite etwas Knetmasse an den Zahnstocher drückt, wird das Boot wasserdicht und kippt nicht so leicht.
Jetzt noch ein Blatt als Segel auf den Mast gespießt, und fertig ist das Boot – ahoi!